SMART
MUSIC
WORKING

Guida per Artisti per Lavorare
in modo Creativo da Casa

Ettore Passafiume & Michele Maraglino

Gli autori

Ettore Passafiume: Dj/produttore, membro del trio MOST WANTED (con Adam Clay e Besford) e fondatore del network di promozione musicale Semantic Sounds. Nel 2015 ha pubblicato tre brani dalla Saifam Records, ha collaborato con vari artisti italiani e internazionali, nell'estate del 2017 ha organizzato un mini-tour in vari club estivi in Spagna, essendo stato anche ospite speciale della famosa radio di Marbella "Beachgrooves". Sempre nel 2017 ha fondato il network musicale Semantic (semanticsounds.com) attraverso il quale promuove musica sulle principali piattaforme musicali. A gennaio 2020 ha pubblicato il nuovo singolo "Please Don't Stop" con i MOST WANTED dalla Time Records, che ha riscosso molto successo, infatti il brano è stato supportato da tantissimi djs, è stato suonato più volte a San Siro ed è stato utilizzato anche per alcuni spot pubblicitari in tv.

Michele Maraglino:

Cantautore con due dischi all'attivo e oltre 300 concerti alle spalle, lavora come ufficio stampa dall'Aprile del 2013. E' editore Soundreef e nel 2011 ha fondato un'etichetta indipendente molto attiva sul panorama italiano (La Fame Dischi). Da Ottobre 2016 pubblica sulla sua Pagina Facebook (e su Youtube) un video al giorno (molto seguiti) con consigli, suggerimenti e approfondimenti sul mondo della musica indipendente italiana e da Aprile 2017 raccoglie tutto nel suo Blog michelemaraglino.com

Sommario

INTRODUZIONE..8

CAPITOLO 1 CRISI: PERICOLO E OPPORTUNITÀ. E' IL MOMENTO
DI LAVORARE SMART..11

CAPITOLO 2 L'IMPORTANZA DI COLTIVARE RELAZIONI,
PRODURRE CONTENUTI E FARE NETWORKING.................................17

CAPITOLO 3 7 COSE CHE POSSONO FARE GLI ARTISTI MENTRE SI
TROVANO IN DIFFICOLTÀ DAL PUNTO DI VISTA FINANZIARIO.....21

CAPITOLO 4 LE VARIE FONTI DI GUADAGNO DALLE QUALI GLI
ARTISTI POTREBBERO ATTINGERE..32

CAPITOLO 5 44

GUADAGNI MUSICALI COLLATERALI...44

CONCLUSIONI..58

Introduzione

Circa un anno e mezzo fa, tramite una sponsorizzata Facebook, ho conosciuto Michele Maraglino.

Dopo qualche mese decisi di acquistare il suo corso Music Press Academy per acquisire nuove competenze nell'ambito della promozione musicale.

Io sono Ettore, in arte Torrex, un ragazzo che ha una grande passione per la musica.

Svolgo l'attività di dj/producer da circa otto anni e adesso faccio parte del trio musicale pop/dance chiamato MOST WANTED insieme ad Adam Clay e Besford.

Sono sempre stato affascinato dal mondo musicale e avendo studiato comunicazione all'università ho deciso di mettere in pratica le mie conoscenze e intraprendere questa attività nel settore della promozione musicale e del music business.

Da circa due anni ho creato una network di promozione musicale, principalmente di musica dance elettronica, chiamato Semantic Sounds, attraverso il quale promuovo artisti di tutto il mondo.

Io e Michele abbiamo deciso di scrivere questa guida informativa in modo da dare alcuni spunti utili e idee creative a tutti gli artisti che si trovano in difficoltà nello svolgere le proprie attività, per riuscire a creare alcune fonti di guadagno alternative che non sono necessariamente legate alle esibizioni dal vivo in locali, pub, club e festival.

Non ci limiteremo solamente a dirvi quali potrebbero essere i lavori che un artista può svolgere in attesa del ritorno alle esibizioni live, ma vi daremo alcuni consigli pratici, risorse e siti internet di cui potrete avvalervi per far fronte a questa crisi.

Sappiamo perfettamente che viviamo momenti complicati di paura e incertezza per il futuro ma occorre attivarsi e cercare di trovare una soluzione lavorando in modo "SMART".

CAPITOLO 1
Crisi: pericolo e opportunità. E' il momento di lavorare SMART

Il business attorno all'industria musicale da anni registra momenti altalenanti, molti di questi caratterizzati da profonde crisi.

Negli ultimi anni con lo sviluppo di internet e di piattaforme online ci si è trovati a fronteggiare l'uso illegale di programmi, che incoraggiano la pirateria e lo scambio illegale di brani musicali attraverso il web.

Per far fronte a questa problematica attraverso il web sono stati ideati nuovi modi creativi per guadagnare tramite la musica.

Ma oggi, tutto il mondo, si trova a fronteggiare una crisi ancora più grande dovuta all'epidemia mondiale del Covid-19, la malattia causata dal coronavirus che ha avuto un impatto non solo sulla salute dei cittadini di tutto il mondo, ma anche sull'economia mondiale.

Anche il mercato musicale in brevissimo tempo è crollato, emergono infatti evidenti cali delle vendite delle copie fisiche (CD e vinili) dovuti alla chiusura di esercizi commerciali e all'assenza di eventi.

Questa situazione ha comportato quindi un blocco totale degli eventi dal vivo e lo slittamento di molte uscite discografiche.

In un certo senso l'industria musicale si trova immobilizzata.

Dunque occorre trovare urgentemente delle soluzioni per tutti gli addetti all'industria musicale e per tutti gli artisti per cercare di attutire il colpo.

Che tu sia un musicista, un cantante, un performer, un vocalist o un dj, sappiamo perfettamente come ti senti in questo momento.

E' un periodo di molte incertezze.

Adesso occorre scoprire nuovi modi per guadagnare tramite la propria arte in attesa che la situazione si sistemi.

Le tempistiche di ripresa sono incerte quindi sarebbe molto utile che gli artisti iniziassero a sviluppare nuove competenze per riuscire a creare alcune fonti di guadagno alternative che non siano necessariamente legate alle esibizioni dal vivo nei locali, pub, club e festival.

Per fortuna oggi internet e la tecnologia possono tornarci utili.

Occorre sfruttare tutti gli strumenti che abbiamo a disposizione.

E' arrivato il momento di cercare nuove soluzioni e soprattutto nuovi modelli di business per sfruttare i lati positivi (ma anche quelli negativi) della crescita di Internet con l'occhio proiettato verso il futuro.

Stiamo assistendo ad una fase di transizione, probabilmente l'industria musicale cambierà velocemente, di conseguenza gli artisti che la spunteranno saranno coloro che saranno in grado di adeguarsi per primi ai cambiamenti.

Bisogna imparare velocemente nuove skills e metterle subito in pratica.

Il settore musicale è estremamente competitivo, l'offerta supera la domanda e adesso anche il web potrebbe diventare un luogo ostico.

Probabilmente l'offerta di contenuti musicali online aumenterà esponenzialmente ma questo non deve essere assolutamente un freno per chi vuole iniziare a sviluppare qualcosa di nuovo.

La parola crisi infatti ha insito in se un duplice significato: pericolo e opportunità.

Come dicono gli americani, se la vita ti da un limone, tu fai una limonata.

In momenti di crisi c'è purtroppo chi piange e chi vende fazzoletti.

Tutti noi vorremmo trovare la soluzione al problema, dunque nonostante tutte le difficoltà bisogna cercare di attivarsi e reagire.

Sappiamo perfettamente che i dati sono sconfortanti, ma il futuro dipende da ciò che facciamo nel presente.

Adesso è nostro compito iniziare a diventare artisti SMART.

SMART è una parola che si utilizza quando si vuole alludere all'intelligenza ed alla capacità di una persona di fare le cose bene ed in fretta, magari con quel pizzico di "problem solving" che possiede in più degli altri.

CAPITOLO 2
L'importanza di coltivare relazioni, produrre contenuti e fare networking

Avere paura e incertezze per il futuro è normale, ma questa paura non deve diventare paralizzante.

In questa guida vogliamo riflettere su come un artista può attivarsi nonostante l'incertezza del futuro.

Per prima cosa quindi occorre analizzare la situazione, riconoscere i propri punti di forza e le proprie abilità.

Pur non essendo vicini con gli altri fisicamente possiamo avvalerci della tecnologia per mantenere solide relazioni con altri collaboratori o addetti al settore musicale e possibilmente creare potenziali collaborazioni sul web.

Prima che scoppiasse l'epidemia che ha comportato l'inizio della quarantena stavo lavorando al nuovo album del cantautore siciliano Salvo Fumoso, nonché un mio caro amico, ma per via della situazione siamo stati impossibilitati nel vederci in studio per completare le ultime registrazioni.

Nonostante ciò in questo periodo non ci siamo fermati totalmente, anzi, questa situazione anomala, in cui siamo stati costretti a rimanere ognuno nelle proprie case, è stata una fonte di ispirazione per Salvo che, con la sua grande creatività, si è dedicato alla scrittura del testo per un nuovo inedito che sarà inserito nel suo primo album.

Avendo a disposizione in casa un semplice microfono a condensatore, una scheda audio e un discreto pc Salvo ha avuto la possibilità di registrare un ottimo file vocale e di abbozzare qualche accordo per iniziare a sviluppare la base strumentale.

Dal primo momento in cui la sentii mi sono accorto subito che era una canzone che proveniva dal cuore e dunque decisi di accettare la sua richiesta per completarla, missarla e masterizzarla nel mio studio casalingo (Ettore).

Abbiamo raccontato questo aneddoto come esempio per spronarvi a creare nonostante le difficoltà.

La musica salva sempre l'anima.

Proprio come i medici curano le malattie del corpo, gli artisti, soprattutto in questo periodo, hanno il dovere e la fortuna di curare gli animi della gente.

Se avete a disposizione anche una semplice attrezzatura casalinga non esitate a produrre nuovi contenuti;

Immagini di eventi passati, video recap, lyrics di brani usciti precedentemente, scrivere nuovi testi e riflessioni, registrare freestyle, sviluppare nuovi inediti, fare dirette sui social in collaborazione con altri artisti possono essere ottimi contenuti da pubblicare sui social per rimanere in contatto con i propri seguaci e possibilmente anche estendere il proprio network di conoscenze che sicuramente, non appena la crisi sarà superata, potranno essere molto piacevoli da coltivare e possibilmente potranno anche tornarvi utili per progetti futuri.

CAPITOLO 3
7 cose che possono fare gli artisti mentre si trovano in difficoltà dal punto di vista finanziario.

L'industria degli eventi musicali dal vivo ha subito un grave colpo a causa del COVID-19.

Tutti i musicisti che dipendono da spettacoli ed eventi dal vivo come fonte primaria di reddito si trovano spaesati per un tempo indeterminato.

Nel frattempo, la domanda che sorge spontanea è: cosa possono fare gli artisti durante questo periodo di inattività per mantenere viva la loro carriera?

Di seguito riportiamo alcuni consigli e risorse per rimanere produttivi:

1. Per prima cosa ti consigliamo di esaminare i tuoi flussi di royalty e aggiornare le registrazioni.

Assicurati che le tue canzoni siano state completamente registrate ad esempio su Soundreef o SIAE, e riscuoti i diritti d'autore a cui hai diritto.

Inoltre, se sei un artista indipendente e hai pubblicato alcuni brani autonomamente tramite un distributore qualsiasi, potresti richiedere anticipatamente il pagamento delle tue royalties anche se non hai superato la soglia minima da loro prestabilita.

In questo momento molti distributori di musica online stanno dando la possibilità di ricevere le proprie royalties accumulate dagli streams e dalle vendite dei brani con soglie minime anche di 10€.

2. Crea una campagna di crowdfounding su internet.

Il crowdfunding online è il sistema attraverso il quale gli artisti possono finanziare la produzione e la distribuzione delle proprie opere grazie al contributo economico diretto dei propri fans e ammiratori.

Il fan diventa una sorta di sponsor ma collocato ad un livello superiore, quello di member del processo musicale.

Se un artista si trova in difficoltà dal punto di vista economico e finanziario, attraverso piattaforme di crowdfounding come Indie Go Go, Produzioni dal Basso e Slicethepie ha la possibilità di creare una campagna richiedendo un piccolo contributo ai fans per sostenersi economicamente dando come premi per esempio copie autografate di singoli, EP o album - versioni inedite di brani musicali - sconti per i prossimi concerti live - materiale inedito.

Convincere fan e sostenitori a sostenervi dipende molto dal fatto di programmare un'efficace campagna promozionale.

Potreste magari fare video promozionali da postare su YouTube, oppure utilizzare l'e-mail marketing inviando e-mail specifiche alla vostra newsletter, coinvolgere i fans sui social network come Instagram e Facebook o pubblicare articoli sul vostro blog.

3. Crea una campagna di marketing e vendi il tuo merch online.

I fan sono alla ricerca di modi per rimanere in contatto con gli artisti. Una campagna di marketing sui social media che attira l'attenzione potrebbe stimolare le vendite del merchandise e questa potrebbe essere una fonte molto utile di guadagno quando hai bisogno di entrate economiche.

Esistono siti come printful.com, teespring.com o spreadshirt.it che, sfruttando la tecnologia di print on demand sono in grado di stampare sul momento il vostro design (ad esempio logo, titolo di un vostro brano ecc…) su una vasta gamma di prodotti come magliette, zaini sportivi, felpe e accessori come cover per smartphone, e immediatamente di spedirli in tutto il mondo.

Tramite questi siti è possibile creare direttamente il proprio merchandise a costo zero, infatti loro si occuperanno della stampa, della logistica e delle spedizioni solamente trattenedosi una percentuale che varia in base al marketplace.

Gli artisti in questo modo dovranno solamente occuparsi di creare ottimi design e realizzare una buona campagna di marketing sul web.

Cerca di aumentare la tua visibilità attraverso le storie di Instagram, TikTok e Facebook, utilizzando anche le dirette live.

Ad esempio potresti prendere una canzone su cui stai lavorando e far vedere live il processo di creazione nel tuo studio casalingo.

Oppure potresti fare fare un tour virtuale facendo vedere tutta l'attrezzatura di cui disponi all'interno del tuo home studio.

Mostrare ai fans un lato più personale spesso è la chiave di un maggiore coinvolgimento e fidelizzazione dei seguaci.

4. Approfitta per scrivere nuovi testi.

Trova qualcosa che possa esserti di ispirazione e lascia fluire la creatività.

Potresti continuare una canzone che intendevi finire prendendo spunto anche dagli strani tempi in cui viviamo.

Gli artisti sono creatori e in momenti difficili può essere utile mettere per iscritto le proprie sensazioni.

5. Registra.

La registrazione di un brano può anche essere effettuata con un budget limitato. Che si tratti di un home studio, di un seminterrato o di un garage non importa, potresti ottenere ugualmente ottimi risultati.

Se ti trovi a lavorare nel settore del music business, ottimizza questo tempo che stai trascorrendo in casa per creare nuovi brani.

6. Produci contenuti video.

Ci sono tanti modi per coinvolgere i fan, e il contenuto video è sicuramente un ottimo strumento per attirare l'attenzione.

Prendi in considerazione la possibilità di realizzare un breve concerto in video, magari insieme ai componenti della tua band invitandoli a suonare ognuno dalle proprie case. In questo modo potrete monetizzare mettendo una piccola commissione da far pagare ai fans che vorrebbero scaricarlo e vederlo.

Oppure potrete renderlo rendendolo gratuito su Instagram o Facebook Live.

Puoi anche trasmettere in streaming un set acustico da casa tua, offrendo una versione ridotta dei tuoi prossimi brani inediti.

7. Ricerca fondi di rilievo.

Molte organizzazioni no profit, associazioni ed enti privati o statali hanno istituito programmi di assistenza finanziaria per artisti che hanno interrotto le loro attività principali a causa del COVID-19.

CAPITOLO 4
Le varie fonti di guadagno dalle quali gli artisti potrebbero attingere.

Fin ora abbiamo elencato solamente alcuni nostri consigli validi sulle attività principali che gli artisti possono svolgere essendo impossibilitati temporaneamente ad esibirvi dal vivo.

Ma adesso vogliamo fornirvi alcune informazioni più specifiche.

Sia che sei un cantante, uno scrittore di brani, un musicista, un produttore o un compositore questo capitolo è di fondamentale importanza per comprendere a fondo che esistono moltissimi modi per vendere le proprie competenze e le proprie abilità.

Questa guida potrebbe servirti come bussola per il tuo successo!

Sappiamo benissimo che vivere della propria arte è molto difficile, soprattutto in questo periodo, ma tutti coloro che aspirano a farlo non possono non conoscere i vari flussi di reddito e le fonti di guadagno derivanti dall'attività nell'industria musicale.

E' proprio per questo che adesso andremo a trattare nello specifico i vari flussi di reddito che tutti i produttori, compositori, songwriter, musicisti e performer dovrebbero conoscere per cercare di ottenere nuove fonti di guadagno.

I diritti d'autore, le licenze e tutte le numerose altre fonti di entrate disponibili per i cantautori, artisti e produttori possono essere difficili da ottenere.

Ma la buona notizia è che la rapida crescita della tecnologia ha portato maggiori opportunità di distribuzione, nuove forme di royalties musicali e nuovi modi per raccogliere fondi mai come ora.

La sfida principale è sapere quali tipi di royalties e commissioni sono disponibili nel mercato e quali ti sono dovute.

Per quanto riguarda le royalties musicali, tutto inizia con la canzone.

Saprai benissimo che ogni brano è protetto da copyright che può essere di due categorie:

1) Un copyright per la produzione, classificato come composizione.

2) Un copyright per la performance, classificato come registrazione del suono.

A seconda del tuo ruolo nella scrittura, produzione o registrazione di una determinata canzone, puoi guadagnare royalties in una categoria di copyright o addirittura in entrambe.

Oltre ai diritti d'autore, esistono anche una vasta gamma di commissioni dalle quali un professionista delle settore musicale può guadagnare.

È fondamentale che i creators musicali abbiano familiarità con queste varie fonti di entrate e abbiano, se possibile, anche l'aiuto di esperti per tenerne traccia, riscuotere le commissioni e le entrate alle quali hanno diritto.

Questo sul diritto d'autore sarebbe un argomento davvero molto vasto da trattare, ma l'obiettivo di questa guida è principalmente farvi comprendere da quali possono essere le fonti di guadagno per gli artisti che lavorano nel settore musicale.

Se volete approfondire il tema sui diritti d'autore potete trovare una grande quantità di informazioni online attraverso fonti come Wikipedia o meglio siti web ufficiali di organizzazioni per i diritti d'autore.

Ovviamente l'industria musicale continua ad evolversi quotidianamente e quindi è possibile che negli anni molte di queste possibili fonti di guadagno che stiamo per indicarti, vengano trasformate o addirittura è possibile che se ne aggiungano altre.

Se sei uno scrittore di testi per brani musicali, il tuo guadagno avviene quando un brano scritto da te, viene riprodotto in radio, in TV, sulle piattaforme online o quando sarà di nuovo possibile, in occasione di eventi dal vivo o in luoghi pubblici.

I tuoi guadagni vengono raccolti e pagati direttamente all'artista attraverso le società che tutelano i diritti degli autori ed editori come SIAE, Soundreef o attraverso i vari distributori o case discografiche che distribuiscono i tuoi brani su tutte le piattaforme online.

Dunque andando più nel dettaglio se sei un songwriter i tuoi possibili guadagni possono derivare da:

- Royalties su riproduzione brani in prestazioni pubbliche.

  In genere si divide il 50/50% tra il cantautore e l'editore.

- Royalties dalla vendita di copie fisiche (ad esempio CD, cassette, vinili, DVD ecc...)

  Sono pagate al proprietario del copyright in base agli accordi di pubblicazione con case discografiche e case editrici o distributori.

- Royalties dalla vendita di musica in formato digitale.

  Sono pagate al proprietario del copyright in base agli accordi di pubblicazione con case discografiche, case editrici o distributori.

- Entrate dallo streaming attraverso piattaforme digitali come Spotify, SoundCloud e Apple Music per citarne alcuni.

- Pagamenti per la composizione di opere originali per uso commerciale. Ad esempio colonne sonore per film e altre composizioni.

- Sincronizzazioni delle licenze per l'utilizzo dei tuoi brani in TV, film, videogiochi e pubblicità. Le somme sono raccolte e pagate dall'editore tramite un contratto di licenza.

- Pagamenti dai siti di testi online tramite l'editore / amministratore per la visualizzazione autorizzata dei testi delle canzoni.

- Vendita di spartiti musicali.

Se sei un'artista discografico i tuoi possibili guadagni possono derivare da:

- Royalties digitali (vendite digitali)

- Entrate generate dalla vendita di brani acquistati che vengono pagate all'artista dall'etichetta o dal distributore digitale.

- Streaming su richiesta: entrate pagate all'artista quando le registrazioni vengono trasmesse in streaming su piattaforme on demand come Rhapsody, Apple Music o Spotify. Le entrate sono emesse dall'etichetta dell'artista o dall'aggregatore digitale.

- Sincronizza licenze (l'uso del master di registrazione)

   Tassa addebitata all'utente per l'uso della registrazione del suono in un film, documentario, programma TV, videogioco, spot pubblicitario.

- Royalty Advance: somma forfettaria pagata all'artista sulla base di un'analisi dei futuri guadagni delle royalty.

- Royalties di YouTube: royalties pagate da YouTube per lo streaming musicale e l'utilizzo di Content ID.

- Programma partner di YouTube: entrate pubblicitarie condivise pagate ai partner del programma da YouTube.

- Vendite al dettaglio: guadagni derivati da vendite di registrazioni fisiche tramite negozio o per corrispondenza, pagate dall'etichetta o da servizi di terze parti come CD Baby o Bandcamp che aiutano a spostare CD, nastri, vinile, ecc.

- Fondo per i mercati secondari dei musicisti cinematografici: Pagato agli artisti in film, TV e altri usi della musica

- Vendite del merchandise: entrate derivanti dalle vendite di articoli di marca come magliette, cappelli, poster e altri prodotti.

- Sponsorizzazioni del marchio: supporto aziendale per un artista, ensemble, evento o spesso anche supporto turistico.

- Finanziamenti dei fan (Kickstarter, Indiegogo, Patreon ecc.) Generato direttamente dai fan per il supporto o la prevendita di un prossimo progetto o tour di registrazione. (Crowdfounding)

- Entrate / commissioni del Fan Club: entrate dai fan per le iscrizioni ai club e altri benefici per i club.

- Licenze Llikeness: commissioni guadagnate per l'uso del nome o della somiglianza dell'artista a fini commerciali (videogiochi, fumetti, ecc.)

- Riconoscimenti: Compensazione finanziaria o in natura per l'approvazione di un prodotto, marchio o azienda

- Recitazione: somme pagate per le apparizioni in programmi TV, film.

Se sei un produttore i tuoi possibili guadagni possono derivare da:

- Percentuale di royalty per contributi alla registrazione sonora dell'opera di un'altra creatività. Indicati anche come punti, punti dell'album, percentuale del produttore o royalties del produttore. Pagato dall'etichetta, dall'artista, dallo studio o da altri in base ai termini del contratto.

- Royalties sulle prestazioni digitali.

- Commissione di produzione di Studio (non copyright): commissioni percepite per lavori di produzione in studio basati su un compenso negoziato.

- Contributo musicale: i produttori spesso contribuiscono a eseguire parte della musica in pista e non si rendono conto che ciò potrebbe dar loro diritto a royalties di musicista di sottofondo. Come musicisti di sessione e / o cantanti di sottofondo non in primo piano, è importante che il produttore sia accreditato come strumentista sulla traccia, o che ricevano una lettera dall'etichetta in cui si afferma che si esibiscono su di essa.

- Commissioni del produttore: ha pagato per produrre o coprodurre il lavoro di un altro artista. Contratto e pagato da artisti, etichette, studi o altre entità in primo piano.

CAPITOLO 5
Guadagni Musicali Collaterali

(Michele Maraglino)

Vediamo ora una serie di attività lavorative parallele alla musica con cui guadagnare soldi extra. Sono lavori sempre legati al mondo musicale che si possono svolgere, nella maggior parte dei casi, tranquillamente da casa. Quello che vi serve è semplicemente un computer, una connessione internet e tanta buona volontà! Sono tutte attività che possono essere svolte tranquillamente in parallelo alla vostra attività artistica, e farvi guadagnare soldi extra (che non guastano mai).

SOUNDREEF

I Musicisti si sa non amano molto le questioni burocratiche e vorrebbero quindi solo dedicarsi alla propria Musica. Questo apre le porte a tantissime opportunità. Ad esempio potresti fare l'editore Soundreef. In cosa consiste? Innanzitutto ci tengo a dirti che è davvero semplice e facile da realizzare. Grazie a Soundreef e alla ventatata di novità che ha portato nel panorama italiano delle società di collecting (l'altra famosa società storica un po' ingessata che tu conoscerai senz'altro, è la SIAE), diventare un Editore è veramente semplice. Semplce come registrarsi su un sito e creare il proprio account. Ma cosa fa esattamente l'editore? L'editore è colui che in cambio di una percentuale sui diritti dei tuoi brani svolge dei lavori per la tua musica. Il lavoro principale che svolge è quello di depositare i brani e farli fruttare economicamente cercando opportunità in cui l'utilizzo o il passaggio del brano frutti qualcosa in termini economici (diritti d'autore). Con SIAE diventare un Editore è molto complicato e costoso. Con Soundreef invece è molto semplice e gratuito! Ti basta infatti registrarti sul sito come Autore o Società. Potresti iniziare tranquillamente proponendoti ad una band particolarmente attiva e che stimi, offrendogli un servizio di assistenza per tutto quello che concerne la creazione di una licenza per un concerto ad esempio. In cambio di una percentuale sui brani potresti occuparti di tutto tu. Dalla creazione dell'evento del live sull'account Soundreef, alla compilazione del borderò online fino a contattare il locale per assicurarti che abbia creato la licenza e abbia pagato quanto dovuto. Per una band che fa molti concerti al mese evitare di pensare a tutte queste cose potrebbe essere davvero interessante. Io ho depositato un sacco di canzoni di altri artisti prendento fino anche al 40% di diritti (se tu sei agli inizi puoi partire tranquillamente con un 10 - 20%) in cambio di un lavoro di assistenza live e di contatto ai locali. Alla fine si tratta di un lavoro molto semplice che consiste nel depositare i brani secondo le percentuali che deciderai con la band/artista e di creare il borderò online dei vari concerti e assicurarti che il locale paghi. Se ti interessa questo mondo e vuoi approfondire cerca il mio video su Youtube dal titolo "Come lavorare nella Musica con Soundreef" e ti consiglio anche di dare un'occhiata al mio Corso per creare un'Etichetta Discografica basato sulla mia esperienza con La Fame Dischi: ilmetodo.michelemaraglino.com

Ovviamente il lavoro di Editore impostato così con Soundreef è molto legato ai concerti e quindi si potrà svolgere quando tutta questa situazione della quarantena sarà finita. Intanto però possiamo iniziare a cercare le band con cui collaborare, metterci d'accordo sulle percentuali e cominciare a depositare i brani sul sito di Soundreef. In questo modo quando riprenderanno i live avremo tanto lavoro da fare. Bisogna cominciare a ragionare anche a lungo termine.

YOUTUBE

Attualmente con il mio Canale Youtube che ha circa 5000 iscritti, guadagno 100€ al mese grazie alle pubblicità. Sono soldi in più che stanno lentamente aumentando man mano che il canale cresce. Avere un'ulteriore entrata parallela fa sempre comodo e Youtube è un'ottima opportunità di guadagno dato che dovremmo comunque utilizzarlo per promuovere la nostra musica. Se vogliamo guadagnare però dobbiamo diventare Partner di Youtube e cioè avere il Canale Monetizzato. Che cosa vuol dire? Che sui nostri video compariranno delle pubblicità e Youtube ci pagherà una parte dei suoi guadagni. Per attivare la monetizzazione occorre avere un minimo di 1000 iscritti al canale e aver totalizzato almeno 4000 ore di visualizzazioni dei video nell'arco di un anno. Sono parametri difficili da raggiungere se vi limitate a pubblicare su Youtube soltanto i videoclip musicali dei vostri brani (due tre video l'anno). Dovete proprio cambiare approccio con Youtube e diventare dei veri e propri Youtubers. Il mio consiglio è quello di fare più video possibili. L'ideale per crescere (e quindi guadagnare) più velocemente è fare un video al giorno, ma vanno bene anche due – tre video a settimana. L'importante è che siate costanti. I guadagni infatti non si vedranno subito ma bisogna ragionare a lungo termine e far crescere il Canale. Cercate di fare video utili che oltre a raccontare la vostra esperienza con la musica e il vostro percorso, possano risolvere magari dei problemi. Se siete bravi a registrare da soli i vostri brani potreste ad esempio realizzare dei video in cui date dei consigli su come registrare in casa. Oppure consigli di canto. Qualsiasi cosa legata alla musica che possa essere utile. Io ad esempio che ho sempre lavorato nel mondo della promozione musicale, ho iniziato a pubblicare un video al giorno dando dei consigli sull'autopromozione Musicale. Cercate di essere creativi. Pubblicate con costanza e non mollate. Sfruttate anche le cover pubblicando brani fatti da voi di artisti famosi. Non solo vedrete crescere più velocemente il vostro Canale in termini di utenti iscritti, ma riuscirete anche a guadagnare direttamente da Youtube. Se lavorerete bene e il vostro Canale Youtube crescerà potreste guadagnare anche in un altro modo sempre collegato al mondo Youtube. Potreste collaborare con delle aziende che vi pagheranno per realizzare dei video in cui sponsorizzate i loro proodotti. Io fin'ora ho collaborato con un paio di aziende facendomi pagare 500€ per un video in cui parlo di loro. All'epoca il mio canale non aveva gli iscritti che ha ora. Ora che viaggio sui 5000 iscritti sto pensando di alzare il costo a 1000€ per un video sponsorizzato. Se avete un pubblico ben fidelizzato le aziende saranno sempre ben disposte a pagare queste cifre. Vedete come è esponenziale il guadagno? Certo all'inizio lavorerete gratis per anni ma se non mollate le opportunità di guadagnao aumenteranno in maniera esponenziale. E anche Youtube è un'attività che si può fare tranquillmente da casa.

AFFILIAZIONI

Se siete bravi con Youtube e riuscite a crescere e ad avere un elevato numero di Iscritti sul Canale e tante visualizzazioni ai video, potreste consigliare dei prodotti legati alla musica e mettere il link affiliato in descrizione al video. Ad esempio Amazon offre questo servizio. Registrandovi al loro servizio di affilizione otterrete link personalizzati per qualsiasi prodotto voi vogliate e per tutte le persone che acquisteranno utilizzando il vostro link affiliato, riceverete una percentuale. Potreste addirittura creare un Blog in cui pubblicate i testi dei vostri video sottoforma di articoli e inserire anche i link affiliati. Io lo faccio e anche da qui mi arrivano circa 100€ al mese al momento. Anche qui però i guadagni sono in crescita grazie alla crescita del Canale Youtube. Ci vuole tempo ma poi la faccenda si fa interessante. 100€ da Yotube + 100€ da Amazon sono già 200€ al mese in più che non fanno mai male. Ma non è finita qui. Le affiliazioni sono dapperttutto! Ad esempio anche il Distributore Digitale Distrokid offre un link affiliato personalizzato. Per ogni persona che acquista un abbonamento utilizzando il mio link, Distrokid mi paga 5 dollari e offre uno sconto del 7% a chi si abbona. Vincono tutti. Io ho iniziato a utilizzare Distrokid a Gennaio e ho inziato a inserire il Link affiliato sotto i miei video e a Maggio 2020 ho già guadagnato circa 500€! 100€ al mese anche da Distrokid. Siamo già a quota 300€ al mese. E non voglio pensare cosa succederà quando il mio canale youtube arriverà a 10.000 iscritti ad esempio. Ripeto ci vuole tempo, tanto tempo e duro lavoro prima di guadagnare cifre rileventi, ma poi ne vale la pena. I guadagni sono esponenziali.

FIVER / UPWORK

Fiver e Upwork sono due piattaforme dove è possibile registrarsi e vendere i propri servizi. La nicchia musica è presente in queste piattaforme e se siete bravi in qualcosa potete vendere le vostre competenze. Facciamo qualche esempio. Se siete bravi con la grafica potreste proporvi nel realizzare le copertine di singoli e album e farvi pagare. Oppure se nella vostra band siete quello che più si diletta con la parte di produzione e registrazione, potreste proporvi di mixare i brani di altri artisti che ne hanno bisogno o anche di fare l'editing o farvi pagare per fare gli arrangiamenti dei brani. Se seguite il mio blog (michelemaraglino.com) e avete iniziato ad autopromuovervi, seguendo i consigli presenti nelle guide del blog, e cominciate ad avere buoni risultati, potreste proporvi di Promuovere un Singolo o un Album su Spotify o sul web e farvi pagare. Il consiglio è quello di creare dei pacchetti molto chiari in cui andate a spiegare che servizi offrite e a che prezzo. Tutti gli esempi che ho fatto sono lavori che si possono svolgere tranquillamente da casa: basta come al solito un computer e una connessione   internet.

PODCAST

I podcast stanno crescendo molto negli ultimi anni grazie anche ad una piattaforma tutta italiana di nome Spreaker che rende davvero semplice pubblicare i propri contenuti audio su Spotify e le tantissime altre piattaforme che ospitano Podcast di ogni genere. Spreaker offre anche la possibilità di monetizzare i propri Podcast inserendo la pubblicità all'interno delle puntate e riconoscendo una parte dei guadagni all'autore del Podcast. Io ho il mio Podcast. Prendo semplicemente l'audio dei miei video che pubblico quasi quotidianamente su Yotube, e li pubblico anche come Podcast attraverso Spreaker su tutte le piattaforme Podcast (Spotify compresa). Se iniziate a sviluppare il Canale Youtube, prendere gli audio dei vostri video in cui insegnate qualcosa legato alla musica e pubblicarli come Podcast davvero non vi costa nulla. Attivando la pubblcità potete guadagnare qualcosa e anche qui il guadagno è esponenziale in base alla crescita del Canale Youtube perchè ovviamente inserirete il link del vostro Podcast in descrizione ad ogni video. Alla fine come vedete dallo stesso contenuto (video youtube) potete ottenere 3 contenuti diversi: video, articolo del blog e podcast. Tutti contenuti monetizzabili con pubblicità e affiliazioni. Ovviamente anche nel Podcast se aumenta il numero di gente che vi ascolta potete collaborare con le aziende e promuovere dei prodotti all'interno delle puntate. Il Podcast infatti non è altro che un Canale Youtube senza immagini.

CONCLUSIONI Vivere di Musica non è mai semplice. Un Musicista è un Libero Professionista / Imprenditore di se stesso e non può più permettersi di non conoscere tutte le sue fonti di guadagno. Non può più permettersi di delegare agli altri la gestione di tutte le sue royalties. Deve assolutamente conoscere per primo lui, almeno un minimo, tutto questo mondo. Si ovvio crescendo dovrà avvalersi di validi collaboratori, Editori, Manager, ecc.. Però per evitare di prendere fregature o firmare contratti poco vantaggiosi per se, è fondamentale informarsi in prima persona e approfondire tutti gli argomenti trattati in questa guida. Bisogna capire quello che si sta firmando.

Speriamo veramente che questa guida vi possa aiutare e di avervi aperto gli occhi sulle molteplici entrate di un Musicista. Il nostro consiglio è ovviamente quello di informarvi sempre di più e di cominciare anche a considerare tutte le varie attività parallele, non prettamente legate al creare e vendere musica e suonare live, che un Musicista può mettere in campo e che comportano un'entrata in più che come già espresso più volte nell'ultimo capitolo di questa guida, "non guastano mai". Internet e il web ci danno una grande mano in questo e ci offrono molteplici possibilità di guadagno. Non lasciatele inesplorate soprattutto in un periodo come questo in cui possiamo solo svolgere lavori da casa. Torneremo presto a suonare dal vivo, ma nel frattempo impariamo nuove competenze, scopriamo cose nuove e con la passione che ci lega alla Musica continuiamo a inseguire i nostri sogni concretamente.

CPSIA information can be obtained
at www.ICGtesting.com
Printed in the USA
BVHW040956030521
606321BV00010B/646